Lina Weidenbach

ABNEHMEN MIT Plätzchen, Lebkuchen und Co.

Lina Weidenbach

ABNEHMEN MIT Plätzchen, Lebkuchen und Co.

Über 35 zuckerfreie Rezepte
für die Weihnachtszeit

riva

Bibliografische Information der Deutschen Nationalbibliothek
Die Deutsche Nationalbibliothek verzeichnet diese Publikation in der Deutschen Nationalbibliografie. Detaillierte bibliografische Daten sind im Internet über http://d-nb.de abrufbar.

Für Fragen und Anregungen
info@rivaverlag.de

Wichtiger Hinweis
Dieses Buch ist für Lernzwecke gedacht. Es stellt keinen Ersatz für eine individuelle medizinische Beratung dar und sollte auch nicht als solcher benutzt werden. Wenn Sie medizinischen Rat einholen wollen, konsultieren Sie bitte einen qualifizierten Arzt. Der Verlag und die Autorin haften für keine nachteiligen Auswirkungen, die in einem direkten oder indirekten Zusammenhang mit den Informationen stehen, die in diesem Buch enthalten sind.

Originalausgabe
1. Auflage 2020

Nymphenburger Straße 86
D-80636 München
Tel.: 089 651285-0
Fax: 089 652096

Redaktion: Caroline Kazianka
Umschlaggestaltung: Sonja Vallant
Umschlagabbildungen und Abbildungen im Innenteil: Stephanie Just
Satz: inpunkt[w]o Haiger, www.inpunktwo.de
Druck: Florjancic Tisk, d.o.o., Slowenien
Printed in the EU

ISBN Print 978-3-7423-1489-5
ISBN E-Book (PDF) 978-3-7453-1159-4
ISBN E-Book (EPUB, Mobi) 978-3-7453-1160-0

Weitere Informationen zum Verlag finden Sie unter

www.rivaverlag.de

Beachten Sie auch unsere weiteren Verlage unter www.m-vg.de

INHALT

DIE WEIHNACHTSZEIT GENIESSEN UND DABEI NICHT ZUNEHMEN – IST DAS MÖGLICH?

Wenn es um die Weihnachtszeit geht, denkt jeder sofort an Backen, Plätzchen und andere Leckereien. In der kalten Jahreszeit genießt man es, sich warm in eine Decke eingekuschelt auf ein Sofa zu setzen, Kekse zu essen und dazu vielleicht eine heiße Schokolade oder einen Punsch zu trinken. Das gehört zur Adventszeit einfach dazu wie der Christbaum zu Weihnachten.

Doch diese Jahreszeit tut der Figur meistens nicht besonders gut. Wer kennt nicht die ungeliebten Weihnachtskilos?

Zwischendurch mal ein paar kalorienreiche Leckereien zu naschen, ist nicht schlimm, aber auf Dauer macht sich das leider auf der Waage bemerkbar. Doch ganz auf die Naschereien zu verzichten ist ja auch nicht schön!

Deshalb habe ich Rezepte für die klassischen Weihnachtsgebäcke sowie verschiedene Desserts und süße Köstlichkeiten mit weniger Kalorien kreiert, an denen man sich ohne schlechtes Gewissen erfreuen kann.

Beim Abnehmen geht es nicht in erster Linie darum, auf etwas Bestimmtes zu verzichten – z. B. auf Kohlenhydrate –, sondern entscheidend ist, insgesamt weniger Kalorien aufzunehmen, als der Körper benötigt. Nur durch ein sogenanntes Kaloriendefizit wird der Körper dazu angeregt, die ungeliebten Fettpölsterchen abzubauen.

Empfohlen wird dabei ein Kaloriendefizit von höchstens 20 % pro Tag. Das heißt: Wenn man am Tag beispielsweise 2.000 kcal verbrennt, sollte man mindestens etwa 1.600 kcal verzehren. Wenn das Defizit über einen längeren Zeitraum zu groß ist, startet der Körper nämlich Notfallmaßnahmen und baut Muskulatur zur Energiegewinnung ab.

Deinen individuellen Kalorienverbrauch kannst du mithilfe der Harris-Benedict-Formel näherungsweise berechnen, dazu findest du im Internet Seiten, die dir weiterhelfen.

In einer Diät ist es besonders wichtig, ausreichend Eiweiß aufzunehmen, da der Körper sonst damit anfängt, Muskulatur abzubauen. Es wird empfohlen, täglich mindestens 1,5 g Eiweiß pro kg Körpergewicht zu sich zu nehmen.

Außerdem sollte man genügend Fett – ja Fett! – essen. Denn das ist wichtig für den Hormonhaushalt. Hier wird geraten, mindestens 0,8 bis 1 g Fett pro kg Körpergewicht zu konsumieren.

Natürlich muss man gerade beim Abnehmen darauf achten, sich ausgewogen zu ernähren, um die benötigte Menge Vitamine, Mineralstoffe, Spurenelemente, sekundäre Pflanzenstoffe und essenzielle Fettsäuren zu sich zu nehmen. Aber bei all dem sollte auch in der Diät der Genuss nicht zu kurz kommen.

Ich hoffe, die Rezepte in diesem Buch helfen dir dabei, ohne Gewichtszunahme oder sogar mit Gewichtsverlust durch die Advents- und Weihnachtszeit zu kommen, und das ganz ohne das Gefühl zu haben, auf etwas verzichten zu müssen!

Viel Spaß nun beim Zubereiten und Naschen!

SPEZIELLE ZUTATEN

Erythrit

Erythrit ist ein biochemisch hergestellter Zuckeralkohol, der als Zuckeraustauschstoff dient, da er nahezu keine Kalorien hat. Er sieht aus wie Zucker, schmeckt wie Zucker und ist fast genauso verwendbar. Allerdings weist er nur 70 % der Süßkraft auf und hat einen kühlenden Effekt beim Verzehr.

Erythrit kommt auch in der Natur vor, z. B. in verschiedenen Obstsorten, Pistazien und anderen Lebensmitteln wie Käse oder Wein. Er wird zu 90 % unverändert über den Urin ausgeschieden und nur 10 % werden im Dünndarm verarbeitet, weshalb die typischen Nebenwirkungen von anderen Zuckerersatzstoffen, wie etwa Blähungen, deutlich reduziert sind. Da er sich nicht auf den Blutzuckerspiegel auswirkt und somit auch nicht auf die Insulinausschüttung, ist er für Diabetiker geeignet. Außerdem ist er nicht kariogen – verursacht also keine Karies wie der Zucker.

Viele aktuelle Studien zeigen, dass der Verzehr von Erythrit unbedenklich ist. Allerdings kann er bei übermäßigem Verzehr abführend wirken.

Erythrit ist im Reformhaus, in Bioläden, in Drogerien und teilweise in gut sortierten Supermärkten erhältlich und wird unter unterschiedlichen Handelsnamen vertrieben. Um für die Backsaison gerüstet zu sein, musst du nicht normales Erythrit und dazu noch Puder-Erythrit kaufen. Denn aus dem normalen Erythrit kannst du ganz leicht Puder-Erythrit herstellen, indem du es fein mahlst.

Flüssiger Süßstoff

In manchen Rezepten verwende ich flüssigen Süßstoff, da dieser sich dort wegen der Konsistenz besser eignet als Erythrit. Laut der aktuellen Studienlage ist dieser in normalen Mengen nicht, wie lange vermutet und immer noch von vielen angenommen, schädigend oder sogar krebserregend.

Eiweiß

In vielen Rezepten nehme ich nur das Eiweiß von Hühnereiern, da das Eigelb sehr kalorienreich ist. Natürlich kannst du die Eier trennen und das Eigelb anderweitig verarbeiten, aber da ich dafür meist keine Verwendung habe, kaufe ich hochwertiges Eiweiß in Flaschen. Die Firma, bei der ich einkaufe, gibt das Eigelb weiter, etwa an Bäcker, somit wird nichts verschwendet.

Ein weiterer Vorteil: Es ist pasteurisiert, also keimärmer, weshalb man es ohne Bedenken auch roh verzehren kann. Das Eiweiß von einem Ei der Größe S entspricht etwa 25 ml, von einem Ei der Größe M etwa 35 ml und der Größe L etwa 40 ml.

Inulin

Inulin ist ein pflanzlicher Ballaststoff, der in vielen Gemüsesorten, wie z. B. Artischocke, Chicorée oder Zwiebeln, enthalten ist. In meinem Eis-Rezept sorgt es dafür, dass eine wunderbar cremige Konsistenz entsteht.

Fibersirup

Fibersirup besteht aus Isomalto-Oligosacchariden, die aus pflanzlicher Stärke gewonnen werden. Er ist von Natur aus glutenfrei, fructosefrei und ballaststoffreich. Im Vergleich zu Zuckersirup hat er deutlich weniger Kalorien. Er verleiht eine leichte Süße und dient als Bindemittel.

Den Fibersirup kannst du fertig kaufen oder nach dem Rezept auf Seite 92 selbst herstellen.

TIPPS ZU DEN REZEPTEN

- Um mir das Einfetten zu ersparen, kleide ich die Backformen, bei denen es möglich ist, mit Backpapier aus.
- Da die tatsächliche Temperatur nicht bei jedem Ofen gleich ist, kann auch die Backzeit variieren. Am besten das Gebäck immer im Blick haben und mithilfe der Stäbchenprobe testen, ob es fertig ist.
- Weil meine Backwaren deutlich fettärmer sind als herkömmliche, trocknen sie etwas schneller aus. Deshalb solltest du sie möglichst zeitnah verzehren.
- Die Nährwertangaben können möglicherweise variieren, da z. B. nicht jede fettarme Margarine den gleichen Kaloriengehalt hat.
- In mehreren Rezepten verwende ich zuckerfreies Apfelmus. Solltest du dieses in deinem Supermarkt nicht finden, kannst du auch Apfelmark nehmen. Dieses ist nämlich immer zuckerfrei, aber nicht so süß wie zuckerfreies Apfelmus mit Süßungsmittel.

KLASSIKER AUS DER WEIHNACHTS-BÄCKEREI

Lebkuchen

NÄHRWERTE PRO STÜCK OHNE/MIT SCHOKOLADE:

64 kcal/100 kcal, 5 g/5 g Eiweiß, 8 g/11 g Kohlenhydrate, 1 g/4 g Fett

ZUTATEN FÜR 10 STÜCK

- 100 g Weizenvollkornmehl
- ½ TL Backpulver
- 60 g entöltes Mandelmehl
- ½ TL stark entöltes Kakaopulver
- ½ TL Lebkuchengewürz
- 60 g Erythrit
- 1 Tropfen Bittermandelaroma
- 30 g zuckerfreies Apfelmus
- 50 ml fettarme Milch
- 1 Eiweiß (Größe M) oder 35 ml Eiweiß
- 10 Oblaten (Ø 70 mm)
- 80 g zuckerfreie Zartbitterschokolade (optional)

1. Den Backofen auf 150 °C Ober-/Unterhitze vorheizen.
2. Zuerst alle trockenen Zutaten in einer Schüssel miteinander vermischen, dann alle weiteren Zutaten (bis auf die Oblaten und die Schokolade) hinzugeben und mit dem Handrührgerät zu einem zähen Teig verarbeiten.
3. Anschließend den Teig mithilfe der Rückseite eines nassen Löffels auf den Oblaten verteilen und diese auf ein mit Backpapier belegtes Backblech setzen.
4. Die Lebkuchen etwa 15 Minuten im Ofen backen.
5. Nach Belieben die zuckerfreie Schokolade grob zerkleinern und in einer Schüssel im Wasserbad schmelzen. Sobald sie flüssig ist, die Lebkuchen damit bestreichen. Trocknen lassen.

Vegan

Saftige Lebkuchenmänner

NÄHRWERTE PRO STÜCK:

50 kcal, 1,5 g Eiweiß, 9 g Kohlenhydrate, 0,5 g Fett

ZUTATEN FÜR 6 STÜCK

65 g Weizenvollkornmehl
1 Msp. Backpulver
1 Msp. Natron
5 g stark entöltes Kakaopulver
75 g zuckerfreies Apfelmus
3 EL Erythrit
75 ml Pflanzendrink

1. Den Backofen auf 180 °C Ober-/Unterhitze vorheizen.
2. Zuerst Mehl, Backpulver, Natron und Kakaopulver in einer Schüssel vermischen.
3. Anschließend das Apfelmus, den Erythrit und den Pflanzendrink hinzugeben und alles mit dem Handrührgerät zu einem Teig vermengen.
4. Den Teig in eine Silikonform mit 6 Lebkuchenmann-Mulden füllen, diese auf ein Ofengitter setzen und die Lebkuchenmänner 15–20 Minuten im Ofen backen.

TIPPS:

Wer möchte, kann etwas Puder-Erythrit mit ein wenig Wasser vermischen und die Lebkuchenmänner nach dem Backen mit diesem Guss verzieren.

Statt des Pflanzendrinks kannst du auch Kuhmilch (1,5 % Fettgehalt) verwenden, dann sind die Lebkuchenmänner jedoch nicht vegan. An der Kalorienmenge ändert das aber nichts.

Nussecken

NÄHRWERTE PRO STÜCK OHNE SCHOKOLADE/MIT SCHOKOLADE:

185 kcal/237 kcal, 5,5 g/6 g Eiweiß, 20 g/25 g Kohlenhydrate, 12 g/16 g Fett

ZUTATEN FÜR 24 STÜCK

- 290 g Dinkelmehl
- 1 TL Backpulver
- 125 g fettarme Margarine mit Joghurt
- 50 g fettarmer Joghurt
- 100 g Erythrit
- 2 Eiweiß (Größe M) oder 70 ml Eiweiß
- 150 g zuckerfreie Aprikosenkonfitüre
- 75 g Fibersirup (siehe Seite 92)
- 200 g gehackte Haselnusskerne
- 200 g gemahlene Mandeln
- Zimtpulver nach Belieben
- 280 g zuckerfreie Zartbitterschokolade (optional)

1. Den Backofen auf 175 °C Ober-/Unterhitze vorheizen.
2. Zuerst 250 g Mehl in einer Schüssel mit dem Backpulver vermischen, dann 50 g Margarine, Joghurt, 50 g Erythrit und das Eiweiß dazugeben und daraus mit dem Handrührgerät einen Teig kneten.
3. Das restliche Mehl auf der Arbeitsfläche ausstreuen und den Teig darauf mit dem Teigroller etwa 5 mm dick ausrollen. Dann auf ein mit Backpapier belegtes Backblech legen.
4. Den Teig mit der Konfitüre bestreichen.
5. Anschließend den Fibersirup, die restliche Margarine und den restlichen Erythrit in einer beschichteten Pfanne erwärmen. Sobald alles geschmolzen ist, die gehackten Haselnusskerne, gemahlenen Mandeln und etwas Zimt hinzugeben und gut vermengen.
6. Die Nussmasse gleichmäßig auf der Konfitüre verteilen und etwas festdrücken.
7. Den Teig etwa 20 Minuten im Ofen backen und anschließend nach etwas Abkühlzeit in Dreiecke schneiden.
8. Nach Belieben die Schokolade grob zerkleinern und in einer Schüssel im Wasserbad schmelzen. Die Nussecken hineintunken und die Schokolade trocknen lassen.

Quarkstollen

NÄHRWERTE PRO SCHEIBE:

132 kcal, 6 g Eiweiß, 24 g Kohlenhydrate, 0,7 g Fett

ZUTATEN FÜR 18 SCHEIBEN

400 g Dinkelmehl
1 Päckchen Backpulver
400 g Magerquark
1 Ei (Größe M)
2 Eiweiß (Größe S) oder 50 ml Eiweiß
100 g Erythrit
100 g Rosinen
100 g Orangeat
etwas Puder-Erythrit

1. Den Ofen auf 160 °C Ober-/Unterhitze vorheizen.
2. Zuerst das Mehl in einer Schüssel mit dem Backpulver vermengen, anschließend den Magerquark, das Ei, das Eiweiß und das Erythrit zugeben und alles mit dem Handrührgerät zu einem Teig verarbeiten.
3. Danach die Rosinen und das Orangeat unterheben.
4. Den Teig auf einem mit Backpapier belegten Backblech zu einem Stollen formen und diesen 45–60 Minuten im Ofen backen.
5. Stollen aus dem Ofen nehmen und sofort mit Puder-Erythrit bestäuben.

Low Carb

Vegan

Marzipankartoffeln

NÄHRWERTE PRO STÜCK:

35 kcal, 3 g Eiweiß, 0,3 g Kohlenhydrate, 2,4 g Fett

ZUTATEN FÜR 14 STÜCK

- 50 g blanchierte gemahlene Mandeln
- 50 g entöltes Mandelmehl
- 2 EL Puder-Erythrit
- 1 EL Wasser
- 1 Tropfen Bittermandel-aroma
- 1–2 g stark entöltes Kakaopulver

1. Zuerst die gemahlenen Mandeln, das Mandelmehl und den Erythrit in einer Schüssel vermischen, anschließend Wasser und Bittermandelaroma hinzugeben und alles mit den Händen zu einem Teig verkneten. Aus dem Teig kleine Kugeln formen.
2. Kakaopulver in ein Schüsselchen geben und die Kugeln in dem Kakaopulver wälzen, bis sie ganz damit überzogen sind.

Low Carb

Vegan

Zuckerfreies Marzipan

NÄHRWERTE PRO 100 G:

332 kcal, 26 g Eiweiß, 3 g Kohlenhydrate, 23 g Fett

ZUTATEN FÜR ETWA 300 G

- 100 g entöltes Mandelmehl
- 100 g blanchierte gemahlene Mandeln
- 100 g Puder-Erythrit
- 1–2 EL Wasser oder Rosenwasser
- 2 Tropfen Bittermandelaroma (optional)

1. Das Mandelmehl in einer Schüssel mit den gemahlenen Mandeln und dem Erythrit vermischen.
2. Anschließend das Wasser und ggf. etwas Bittermandelaroma hinzugeben und alles mit den Händen zu einer homogenen Masse verkneten.

Low Carb

Vegan

Gebrannte Mandeln

NÄHRWERTE PRO PORTION:

153 kcal, 7 g Eiweiß, 1 g Kohlenhydrate, 13 g Fett

ZUTATEN FÜR 4 PORTIONEN

100 g Erythrit
etwas Zimtpulver
100 g Mandeln

1. Den Erythrit in einer beschichteten Pfanne langsam schmelzen, bis er sich komplett aufgelöst hat.
2. Anschließend Zimtpulver nach Belieben einrühren.
3. Die Mandeln hinzugeben und rühren, bis sie komplett mit der Erythritmischung überzogen sind; dann den Herd ausschalten.
4. Unter kontinuierlichem Rühren den Erythrit auskühlen lassen, bis er fest geworden ist.

Apfel
Zimt
Marmelade

Vegan

Zuckerfreie Apfel-Zimt-Konfitüre

NÄHRWERTE PRO 100 G:

43 kcal, 0,2 g Eiweiß, 11 g Kohlenhydrate, 0,2 g Fett

ZUTATEN FÜR ETWA 650 G KONFITÜRE

500 g Äpfel
1 TL Zimtpulver
100 g Erythrit
1 TL Agar-Agar-Pulver
50 ml Wasser

1. Zuerst die Äpfel schälen, entkernen und in kleine Stücke schneiden.
2. Äpfel mit ein bisschen Wasser in einen Topf geben und weich kochen. Wenn das Wasser verkocht ist, immer wieder ein wenig zugeben, damit nichts anbrennt.
3. Sobald die Äpfel weich sind und das Wasser verkocht ist, das Zimtpulver und den Erythrit einrühren. Nach Belieben mit dem Stabmixer fein pürieren.
4. Anschließend das Agar-Agar-Pulver in einer Tasse mit dem Wasser glatt rühren, zu dem Apfelpüree geben, gut vermischen und alles weitere 2 Minuten unter Rühren kochen.
5. Zum Schluss die Konfitüre in verschließbare Einmachgläser abfüllen.

TIPP:

Um die zuckerfreie Konfitüre haltbar zu machen, kannst du eine sogenannte Konservierungshilfe verwenden, die du z. B. in Bioläden bekommst.

Vegan

Zuckerfreier Punsch

NÄHRWERTE PRO PORTION (250 ML):

29 kcal, 6 g Kohlenhydrate, 0 g Fett

ZUTATEN FÜR 6 PORTIONEN

- 100 ml Wasser
- 4 Teebeutel »Waldbeere«
- 1 große Bio-Orange
- 500 ml Apfelnektar light
- Saft von 1 kleinen Zitrone
- 16 Gewürznelken
- 2 Stangen Zimt
- Erythrit nach Belieben

1. Zuerst das Wasser in einem Topf zum Kochen bringen und damit den Waldbeerentee nach Packungsangabe zubereiten. Den Tee auf niedriger Stufe weiterhin warm halten.
2. Dann die Orange waschen, halbieren, 2 Scheiben abschneiden und zur Seite legen.
3. Anschließend den Apfelnektar, den ausgepressten Saft der restlichen Orange und den der Zitrone, die Nelken, die Zimtstangen und den Erythrit nach Belieben zum Tee geben.
4. Zum Schluss die 2 Orangenscheiben in Stücke schneiden und in den Punsch rühren, danach ca. 10 Minuten ziehen lassen.
5. Punsch durch ein Sieb abseihen, in Gläser füllen und warm servieren.

Heiße Schokolade

NÄHRWERTE PRO PORTION (250 ML):

177 kcal, 10 g Eiweiß, 12 g Kohlenhydrate, 3,5 g Fett

ZUTATEN FÜR 2 PORTIONEN

- 500 ml fettarme Milch
- 20 g Schokopuddingpulver
- 8 g stark entöltes Kakaopulver
- Erythrit nach Belieben

1. Zuerst in einer Tasse etwas von der Milch mit dem Puddingpulver, dem Kakaopulver und dem Erythrit vermischen, bis keine Klümpchen mehr vorhanden sind.
2. Währenddessen den Rest der Milch in einem Topf erwärmen.
3. Die Kakaomischung zur Milch geben und so lange unter kontinuierlichem Rühren köcheln, bis eine leicht dickflüssige Konsistenz entsteht.
4. Schokoladengetränk warm servieren.

TIPP:

Für eine weihnachtliche Note kannst du noch etwas Lebkuchengewürz oder Zimt einrühren. Auch etwas Fake-Sahne (siehe Seite 92) passt als Topping perfekt.

PLÄTZCHEN, KEKSE UND MAKRONEN

Vegan

Ausstechplätzchen

NÄHRWERTE PRO STÜCK:

17 kcal, 0,4 g Eiweiß, 2,4 g Kohlenhydrate, 0,5 g Fett

ZUTATEN FÜR 68 STÜCK

- 220 g Dinkelmehl
- 35 g Vanillepudding-pulver
- 100 g fettarme Margarine
- 50 g Erythrit
- 65 g zuckerfreies Apfelmus
- etwas Puder-Erythrit (optional)
- Lebensmittelfarbe nach Belieben (optional)

1. Den Backofen auf 180 °C Ober-/Unterhitze vorheizen.
2. 200 g Mehl und die restlichen Zutaten in eine Schüssel geben und mit dem Handrührgerät zu einem Teig verkneten.
3. Das restliche Mehl auf die Arbeitsfläche streuen und den Teig darauf mit dem Teigroller etwa 2–3 mm dick ausrollen. Dann mit einer Ausstechform nach Belieben Kekse ausstechen.
4. Die Plätzchen auf ein mit Backpapier belegtes Backblech legen und 10–12 Minuten im Ofen backen.
5. Wer will, kann zur Dekoration etwas Puder-Erythrit in einer kleinen Schüssel mit ein wenig Wasser zu einem Guss vermischen, diesen mit Lebensmittelfarbe einfärben und die Plätzchen damit verzieren.

ANMERKUNG:

Nach der angegebenen Backzeit sind die Plätzchen zwar noch recht hell, backt man sie aber länger, werden sie bereits am nächsten Tag steinhart.

Spritzgebäck

NÄHRWERTE PRO STÜCK:

29 kcal, 1 g Eiweiß, 4,5 g Kohlenhydrate, 1 g Fett

ZUTATEN FÜR 24 STÜCK

60 g fettarme Margarine
30 g fettarmer Joghurt
50 g Erythrit
150 g Dinkelmehl
1 Msp. gemahlene Bourbonvanille

1. Den Backofen auf 180 °C Ober-/Unterhitze vorheizen.
2. Zuerst Margarine, Joghurt und Erythrit in einer Schüssel mit dem Handrührgerät vermischen.
3. Anschließend das Mehl und die Vanille hinzugeben und alles zu einem Teig verarbeiten.
4. Aus dem Teig mithilfe eines Drehwolfs mit Gebäckvorsatz Spritzgebäck formen und dieses auf ein mit Backpapier belegtes Backblech geben.
5. Das Spritzgebäck etwa 12 Minuten im Ofen backen.

ANMERKUNG:

Je länger die Kekse backen, desto schöner wird zwar die Bräunung, aber desto schneller trocknen sie auch aus.

Vegan

Schwarz-Weiß-Gebäck

NÄHRWERTE PRO STÜCK:

53 kcal, 1,3 g Eiweiß, 7 g Kohlenhydrate, 2 g Fett

ZUTATEN FÜR 24 STÜCK

- 210 g Dinkelmehl
- 35 g Vanillepuddingpulver
- 50 g Erythrit
- 65 g zuckerfreies Apfelmus
- 100 g fettarme Margarine
- 6 g stark entöltes Kakaopulver

1. Den Backofen auf 180 °C Ober-/Unterhitze vorheizen.
2. Zuerst 200 g Mehl, Puddingpulver und Erythrit in einer Schüssel vermischen.
3. Dann das Apfelmus und die Margarine hinzugeben und das Ganze mit dem Handrührgerät zu einem homogenen Teig verarbeiten.
4. Den Teig halbieren und in die eine Hälfte das Kakaopulver einkneten.
5. Die Arbeitsfläche mit dem restlichen Mehl bestreuen. Beide Teige mit dem Teigroller ausrollen, dann übereinanderlegen und die Teigplatte von der längeren Seite aus aufrollen.
6. Die Teigrolle in etwa 1 cm dicke Stücke schneiden und diese auf ein mit Backpapier belegtes Backblech geben.
7. Die Kekse 10–12 Minuten im Ofen backen.

TIPP:

Zum Schneiden des Teiges solltest du ein sehr scharfes Messer verwenden, damit die Kekse nicht zerquetscht werden. Das funktioniert auch sehr gut mit einem Draht oder Zahnseide.

Vanillekipferl

NÄHRWERTE PRO STÜCK:

30 kcal, 1 g Eiweiß, 3 g Kohlenhydrate, 1,5 g Fett

ZUTATEN FÜR 32 STÜCK

- 125 g Dinkelmehl
- 3 g Backpulver
- 50 g blanchierte gemahlene Mandeln
- 1 Msp. gemahlene Bourbonvanille
- 40 g Erythrit
- 50 g fettarmer Joghurt
- 50 g fettarme Margarine
- etwas Puder-Erythrit

1. Den Ofen auf 170 °C Ober-/Unterhitze vorheizen.
2. Zuerst die trockenen Zutaten in einer Schüssel vermischen, anschließend den Joghurt und die Margarine hinzugeben und das Ganze mit dem Handrührgerät zu einem Teig verarbeiten.
3. Etwas Puder-Erythrit auf die Arbeitsfläche streuen und den Teig darauf zu etwa 1 cm dicken Rollen formen. Jeweils etwa 5 cm lange Stücke abschneiden und diese zu Hörnchen formen.
4. Die Vanillekipferl auf ein mit Backpapier belegtes Backblech legen und ca. 10 Minuten im Ofen backen.
5. Vanillekipferl aus dem Ofen nehmen und sofort mit Puder-Erythrit bestäuben.

Low Carb

Zimtsterne

NÄHRWERTE PRO STÜCK:

29 kcal, 2 g Eiweiß, 0,3 g Kohlenhydrate, 2 g Fett

ZUTATEN FÜR 44 STÜCK

- 150 g gemahlene Mandeln
- 100 g entöltes Mandelmehl
- 2 TL Zimtpulver
- 60 g Puder-Erythrit
- 2 Eiweiß (Größe M) oder 70 ml Eiweiß

1. Den Backofen auf 150 °C Ober-/Unterhitze vorheizen.
2. Zuerst die Mandeln, das Mandelmehl, Zimt und 50 g Puder-Erythrit in einer Schüssel vermischen, dann das Eiweiß hinzugeben und alles mit dem Handrührgerät zu einem Teig verkneten.
3. Etwas Puder-Erythrit auf der Arbeitsfläche ausstreuen und den Teig darauf mit dem Teigroller ausrollen.
4. Anschließend mit einer Ausstechform Sterne ausstechen, diese auf ein mit Backpapier belegtes Backblech legen und etwa 10 Minuten im Ofen backen.
5. Die Zimtsterne aus dem Ofen nehmen und abkühlen lassen.
6. Für die Glasur den restlichen Puder-Erythrit in einer kleinen Schüssel mit ein wenig Wasser vermischen, bis eine cremige Glasur entstanden ist, und die Zimtsterne damit bestreichen. Trocknen lassen.

Zuckerfreie Spekulatius

NÄHRWERTE PRO STÜCK:

49 kcal, 2 g Eiweiß, 6 g Kohlenhydrate, 2 g Fett

ZUTATEN FÜR 14 STÜCK

- 125 g Weizenvollkornmehl
- 1 TL Backpulver
- 25 g gemahlene Mandeln
- 50 g Erythrit
- 25 g fettarme Margarine mit Joghurt
- 25 g fettarmer Joghurt
- 1 Eiweiß (Größe M) oder 35 ml Eiweiß
- 1–2 Tropfen Rumaroma
- etwas gemahlene Bourbonvanille
- etwas Puder-Erythrit (optional)

1. Den Backofen auf 180 °C Umluft vorheizen.
2. Zuerst das Mehl in einer Schüssel mit dem Backpulver vermischen. Anschließend die weiteren Zutaten dazugeben und alles mit dem Handrührgerät zu einem Teig vermengen.
3. Den Teig entweder mithilfe eines Teigrollers auf etwas Puder-Erythrit dünn ausrollen, in Spekulatiusform schneiden und ggf. mit einer Spekulatiuswalze das typische Muster eindrücken oder in Silikon-Spekulatiusformen füllen.
4. Spekulatius etwa 12 Minuten im Ofen backen.

ANMERKUNG:

Bei der Backzeit kommt es auf Minuten an. Wenn die Spekulatius zu lange backen, werden sie meist am nächsten Tag schon steinhart.

Low Carb

Kokosmakronen

NÄHRWERTE PRO STÜCK:

36 kcal, 2 g Eiweiß, 1 g Kohlenhydrate, 3 g Fett

ZUTATEN FÜR 24 STÜCK

5 Eiweiß (Größe M) oder 175 ml Eiweiß
1 Prise Salz
100 g Puder-Erythrit
65 g Magerquark
100 g Kokosraspeln

1. Den Ofen auf 150 °C Ober-/Unterhitze vorheizen.
2. Das Eiweiß mit dem Salz in eine Schüssel geben und mit dem Handrührgerät steif schlagen. Dabei nach und nach den Puder-Erythrit einrieseln lassen.
3. Vorsichtig den Magerquark unterheben, und dann nach und nach die Kokosraspeln einrühren.
4. Masse in einen Spritzbeutel mit Sterntülle füllen und Makronen auf ein mit Backpapier belegtes Blech spritzen.
5. Makronen 20 Minuten im Ofen backen.

Low Carb

Nussmakronen

NÄHRWERTE PRO STÜCK:

30 kcal, 2 g Eiweiß, 0,4 g Kohlenhydrate, 2,3 g Fett

ZUTATEN FÜR 25 STÜCK

- 5 Eiweiß (Größe M) oder 145 ml Eiweiß
- 1 Prise Salz
- 100 g Puder-Erythrit
- 65 g Magerquark
- 100 g gemahlene Haselnusskerne

1. Den Backofen auf 150 °C Ober-/Unterhitze vorheizen.
2. Das Eiweiß mit dem Salz in eine Schüssel geben und mit dem Handrührgerät steif schlagen. Dabei nach und nach den Erythrit zugeben.
3. Den Magerquark vorsichtig unterheben und dann die gemahlenen Haselnusskerne untermischen.
4. Die Masse in einen Spritzbeutel mit Sterntülle füllen und Makronen auf ein mit Backpapier belegtes Backblech spritzen.
5. Makronen etwa 20 Minuten im Ofen backen.

Vegan

Spitzbuben

NÄHRWERTE PRO STÜCK:

74 kcal, 2 g Eiweiß, 10 g Kohlenhydrate, 2,4 g Fett

ZUTATEN FÜR 18 STÜCK

- 220 g Dinkelmehl
- 35 g Vanillepuddingpulver
- 100 g fettarme Margarine
- 65 g zuckerfreies Apfelmus
- 50 g Erythrit
- 60 g zuckerfreie schwarze Johannisbeerkonfitüre
- etwas Puder-Erythrit

1. Den Backofen auf 180 °C Ober-/Unterhitze vorheizen.
2. 200 g Mehl, Puddingpulver, Margarine, Apfelmus und Erythrit in eine Schüssel geben und mit dem Handrührgerät zu einem Teig kneten.
3. Das restliche Mehl auf die Arbeitsfläche streuen und den Teig darauf mit dem Teigroller 2–3 mm dick ausrollen. Mit einer Ausstechform für Spitzbuben je 18 Kekse mit und ohne Loch ausstechen.
4. Anschließend die Kekse ohne Loch mit der Konfitüre bestreichen, die Kekse mit Loch darauflegen und die Ränder leicht zusammendrücken, damit die Konfitüre nicht herausläuft.
5. Die Spitzbuben auf ein mit Backpapier belegtes Blech setzen und 10–12 Minuten im Ofen backen.
6. Spitzbuben aus dem Ofen holen, abkühlen lassen und mit Puder-Erythrit bestäuben.

ANMERKUNG:

Nach der angegebenen Backzeit sind die Kekse zwar noch recht hell, backt man sie aber länger, werden sie bereits am nächsten Tag steinhart.

Schoko-Crossies

NÄHRWERTE PRO STÜCK:

24 kcal, 0,4 g Eiweiß, 2 g Kohlenhydrate, 1 g Fett

ZUTATEN FÜR 18 STÜCK

30 g zuckerfreie Zartbitterschokolade
30 g zuckerfreie Vollmilchschokolade
30 g zuckerfreie Cornflakes

1. Zuerst die Schokolade grob zerkleinern und in einer Schüssel im Wasserbad schmelzen.
2. Anschließend die Cornflakes mit der Hand etwas zerkleinern und in die geschmolzene Schokolade rühren, bis sie ganz damit überzogen sind.
3. Mit einem Löffel von der Masse eine kleine Menge abnehmen und kleine Haufen auf ein Backpapier setzen. Die Schokolade trocknen lassen.

TIPP:

Die fertigen Crossies als Geschenkidee in Einmachgläser füllen.

FESTLICHE KUCHEN, TARTES UND TORTEN

Spekulatius-Frischkäse-Torte

NÄHRWERTE PRO STÜCK:

148 kcal, 13 g Eiweiß, 16 g Kohlenhydrate, 2 g Fett

ZUTATEN FÜR 8 STÜCKE

- 3 Eiweiß (Größe M) oder 105 ml Eiweiß
- 4 EL Erythrit
- 50 ml Wasser
- 50 g Weizenvollkornmehl
- 1 TL Backpulver
- 400 g fettarmer Frischkäse
- 400 g fettarmer Joghurt
- ⅓ TL Spekulatiusgewürz
- flüssiger Süßstoff nach Belieben
- 4 Beutel Gelatine fix (60 g)
- 80 g zuckerfreie Spekulatius (oder siehe Seite 47)

1. Den Backofen auf 175 °C Ober-/Unterhitze vorheizen.
2. Zuerst 2 Eiweiß (70 ml) in einer Schüssel mit dem Handrührgerät steif schlagen und beiseitestellen.
3. Dann das restliche Eiweiß mit dem Erythrit und dem Wasser in einer zweiten Schüssel schaumig rühren und dann Mehl und Backpulver hinzugeben.
4. Den Eischnee vorsichtig unter den Teig heben, diesen in eine mit Backpapier ausgekleidete Kuchenform (Ø 26 cm) füllen und den Boden etwa 12 Minuten im Ofen backen.
5. Währenddessen den Frischkäse in einer Schüssel mit dem Joghurt und dem Spekulatiusgewürz vermischen und nach Belieben mit flüssigem Süßstoff süßen.
6. Sobald der Boden fertig gebacken ist, diesen vorsichtig von dem Backpapier ablösen, auf eine Kuchenplatte setzen und einen Kuchenring darumlegen (alternativ in eine Springform setzen).
7. Anschließend das Gelatinepulver gründlich unter die Frischkäse-Joghurt-Mischung rühren und die Creme auf den Boden streichen.
8. Die Spekulatius zerbröseln, auf die Creme streuen und die Torte mindestens 2 Stunden kalt stellen.

Apfel-Zimt-Tarte

NÄHRWERTE PRO STÜCK:

142 kcal, 4 g Eiweiß, 26 g Kohlenhydrate, 2 g Fett

ZUTATEN FÜR 8 STÜCKE

- 150 g Weizenvollkornmehl
- 80 g Magerquark
- 20 g fettarme Margarine
- 1 Ei (Größe M)
- 30 g Erythrit
- 500 g Äpfel
- etwas Zimtpulver
- 200 g zuckerfreie Apfel-Zimt-Konfitüre (siehe Seite 29)
- 75 g zuckerfreie Aprikosenkonfitüre
- 1 EL Wasser

1. Den Backofen auf 180 °C Ober-/Unterhitze vorheizen.
2. Mehl, Magerquark, Margarine, Ei und Erythrit in eine Schüssel geben und mit dem Handrührgerät zu einem Teig verarbeiten.
3. Anschließend die Äpfel waschen, entkernen, in feine Scheiben schneiden und mit etwas Zimt bestäuben.
4. Dann eine runde, mit Backpapier ausgelegte Tarteform (Ø 26 cm) mit dem Teig auskleiden, dabei auch einen Rand hochziehen.
5. Erst die Apfel-Zimt-Konfitüre auf den Boden streichen und dann die Apfelscheiben darauf verteilen.
6. Tarte etwa 40 Minuten im Ofen backen.
7. Die Aprikosenkonfitüre mit dem Wasser in einem Topf unter Rühren aufkochen. Die fertige Tarte sofort damit bestreichen und abkühlen lassen.

TIPP:

Zu der Tarte passt etwas Fake-Sahne (siehe Seite 92) sehr gut.

Apfel-Zimt-Biskuitrolle

NÄHRWERTE PRO STÜCK:

56 kcal, 4 g Eiweiß, 9 g Kohlenhydrate, 0,2 g Fett

ZUTATEN FÜR 8 STÜCKE

- 4 Eiweiß (Größe M) oder 140 ml Eiweiß
- 4 gehäufte EL Erythrit
- 50 g Wasser
- 50 g Weizenvollkornmehl
- 1 TL Backpulver
- 2 Äpfel
- Zimtpulver nach Belieben
- 100 g Magerquark
- 2 Spritzer flüssiger Süßstoff

1. Den Backofen auf 180 °C Ober-/Unterhitze vorheizen.
2. Zuerst 2 Eiweiß (70 ml) in einer Schüssel mit dem Handrührgerät steif schlagen und zur Seite stellen.
3. Dann 1 Eiweiß (35 ml) mit dem Erythrit und dem Wasser in einer Schüssel schaumig rühren, danach das Mehl und das Backpulver hinzufügen und zum Schluss den Eischnee unterheben.
4. Anschließend den Teig auf einem mit Backpapier belegten Blech zu einem etwa DIN-A4-großen Rechteck verstreichen und 8–10 Minuten im Ofen backen.
5. Für die Füllung die Äpfel schälen, entkernen, in kleine Würfel schneiden und mit etwas Zimt und ein bisschen Wasser in einem Topf weich kochen.
6. Währenddessen das restliche Eiweiß in einer Schüssel steif schlagen, vorsichtig den Magerquark unterheben und die Masse mit etwas flüssigem Süßstoff süßen.
7. Sobald der Teig fertig gebacken ist, diesen mit dem Backpapier auf ein weiteres Backpapier auf der Arbeitsplatte stürzen und vorsichtig das mitgebackene Backpapier ablösen.
8. Den Teig mit der Creme bestreichen, die abgetropften Zimtäpfel darauf verteilen (evtl. etwas Creme und Äpfel zum Garnieren aufheben) und Teigplatte von der längeren Seite aus aufrollen. Nach Belieben die Biskuitrolle mit etwas Creme und Apfelwürfeln verzieren.

Gewürzkuchen

NÄHRWERTE PRO SCHEIBE:

48 kcal, 3 g Eiweiß, 6,4 g Kohlenhydrate, 0,7 g Fett

ZUTATEN FÜR 20 SCHEIBEN

- 150 g Weizenvollkornmehl
- 1 TL Backpulver
- 1 TL Natron
- 30 g stark entöltes Mandelmehl
- 50 g stark entöltes Kakaopulver
- 80 g Erythrit
- 2 Eiweiß (Größe M) oder 70 ml Eiweiß
- 200 g zuckerfreies Apfelmus
- 120 g fettarmer Joghurt
- Lebkuchengewürz nach Belieben
- Zimtpulver nach Belieben

1. Den Backofen auf 180 °C Umluft vorheizen.
2. Zuerst das Mehl in einer Schüssel mit dem Backpulver und dem Natron vermischen.
3. Anschließend alle anderen Zutaten hinzugeben und alles mit dem Handrührgerät zu einem homogenen Teig vermengen.
4. Den Teig in eine mit Backpapier ausgekleidete Kastenform (30 x 11,5 x 7 cm) füllen und etwa 30 Minuten im Ofen backen.

TIPP:

Zum Gewürzkuchen passt etwas Fake-Sahne (siehe Seite 92) perfekt dazu.

Lebkuchen-Brownies

NÄHRWERTE PRO STÜCK:

49 kcal, 3 g Eiweiß, 7 g Kohlenhydrate, 1 g Fett

ZUTATEN FÜR 12 STÜCK

- 90 g Weizenvollkornmehl
- 2 TL Backpulver
- 45 g stark entöltes Kakaopulver
- 50 g Erythrit
- Lebkuchengewürz nach Belieben
- 200 g zuckerfreies Apfelmus
- 3 Eiweiß (Größe M) oder 105 ml Eiweiß

1. Den Backofen auf 180 °C Ober-/Unterhitze vorheizen.
2. Zuerst Mehl, Backpulver, Kakaopulver, Erythrit und Lebkuchengewürz nach Belieben in einer Schüssel vermischen.
3. Anschließend das Apfelmus und das Eiweiß dazugeben und alles mit dem Handrührgerät zu einem homogenen Teig vermischen.
4. Den Teig in eine mit Backpapier ausgekleidete große Backform (20 x 20 x 5 cm) streichen und etwa 25 Minuten im Ofen backen.
5. Nach dem Abkühlen Teig in Stücke schneiden.

DESSERTS FÜR DIE WEIHNACHTSZEIT

Spekulatius-Schicht-Dessert im Glas

NÄHRWERTE PRO PORTION:

116 kcal, 8 g Eiweiß, 11 g Kohlenhydrate, 3 g Fett

ZUTATEN FÜR 4 PORTIONEN

- 2 Eiweiß (Größe L) oder 80 ml Eiweiß
- 4 EL Puder-Erythrit
- 40 g Fibersirup (siehe Seite 92)
- 100 g Magerquark
- gemahlene Bourbonvanille (optional)
- flüssiger Süßstoff (optional)
- 6 zuckerfreie Spekulatius (siehe Seite 47)

1. Zuerst das Eiweiß in einer Schüssel mit dem Handrührgerät steif schlagen, dabei den Puder-Erythrit einrieseln lassen und dann den Fibersirup hinzugeben.
2. Den Magerquark in einer zweiten Schüssel mit ein bisschen Wasser cremig rühren und nach Belieben etwas gemahlenes Vanillepulver und flüssigen Süßstoff hinzugeben.
3. Anschließend den Eischnee vorsichtig unterheben.
4. Zum Schluss die Spekulatius grob zerbröseln und abwechselnd mit der Creme in kleine Dessertgläser schichten.

Spekulatius-Grießbrei

NÄHRWERTE PRO PORTION:

165 kcal, 10 g Eiweiß, 23 g Kohlenhydrate, 3 g Fett

ZUTATEN FÜR 3 PORTIONEN

- 1 Eiweiß (Größe M) oder 35 ml Eiweiß
- 400 ml fettarme Milch
- 2 EL Erythrit
- 60 g Grieß
- 20 g zuckerfreie Spekulatius (siehe Seite 47)

1. Zuerst das Eiweiß in einer Schüssel mit dem Handrührgerät steif schlagen.
2. Die Milch mit dem Erythrit in einem Topf erwärmen. Sobald die Milch aufkocht, Topf von der Herdplatte nehmen und den Grieß einstreuen. Unter kontinuierlichem Rühren bei geringer Hitze köcheln lassen, bis ein zäher Brei entsteht.
3. Die Spekulatius zermahlen und unter den Grießbrei mischen.
4. Zum Schluss den Eischnee vorsichtig unterheben, die Mischung in Gläser abfüllen und nach Bedarf mit Spekulatius garnieren.

Lebkuchen-Schokoladen-Mousse

NÄHRWERTE PRO PORTION:

107 kcal, 15 g Eiweiß, 6 g Kohlenhydrate, 0,7 g Fett

ZUTATEN FÜR 4 PORTIONEN

- 300 g Magerquark
- 100 g fettarmer Frischkäse
- 20 g stark entöltes Kakaopulver
- Lebkuchengewürz nach Belieben
- etwas flüssiger Süßstoff
- 2 Eiweiß (Größe M) oder 70 ml Eiweiß
- 2 EL Puder-Erythrit
- 20 g Fibersirup (siehe Seite 92)

1. Zuerst Magerquark, Frischkäse, Kakaopulver, Lebkuchengewürz und etwas flüssigen Süßstoff in eine Schüssel geben und mit dem Handrührgerät vermischen.
2. Dann das Eiweiß in einer zweiten Schüssel steif schlagen, dabei das Puder-Erythrit einrieseln lassen und dann den Fibersirup dazugeben.
3. Anschließend den Eischnee vorsichtig unter die Schoko-Quark-Masse heben.

TIPP:

Das Lebkuchen-Schokoladen-Mousse schmeckt sehr lecker mit der roten Grütze von Seite 75.

Vegan

Rote Grütze

NÄHRWERTE PRO 100 G:

49 kcal, 1 g Eiweiß, 6 g Kohlenhydrate, 1 g Fett

ZUTATEN FÜR 3 PORTIONEN

250 g TK-Beerenmischung
Erythrit nach Belieben
10 g Vanillepudding-pulver
80 ml Wasser

1. Die tiefgekühlten Beeren mit Erythrit nach Belieben in einen Topf geben und erhitzen.
2. Währenddessen das Puddingpulver in einer Tasse mit dem Wasser verrühren, bis keine Klumpen mehr vorhanden sind.
3. Sobald die Beeren aufgetaut sind und leicht köcheln, die Pudding-Wasser-Mischung dazugeben und die Masse unter kontinuierlichem Rühren kurz aufkochen und anschließend abkühlen lassen.

Dampfnudeln mit Vanillesoße und Zimt

NÄHRWERTE PRO STÜCK:

271 kcal, 11 g Eiweiß, 44 g Kohlenhydrate, 3 g Fett

ZUTATEN FÜR 4 STÜCK

- 200 g Weizenmehl Type 405
- 600 ml fettarme Milch
- 13 g frische Hefe
- 10 g Zucker
- 1 Eiweiß (Größe S) oder 25 ml Eiweiß
- 12 g fettarme Margarine
- 400 ml Vanillesoße (siehe Seite 93)
- etwas Zimtpulver

ANMERKUNG:

Die Dampfnudeln ohne Vanillesoße und Zimt haben pro Stück 208 kcal, 8 g Eiweiß, 40 g Kohlenhydrate und 1,5 g Fett.

1. Zu Beginn das Mehl in eine Schüssel sieben und in der Mitte eine Mulde formen.
2. Dann 100 ml Milch in einem Topf leicht erwärmen, die frische Hefe und den Zucker hineingeben und so lange rühren, bis sich die Hefe vollständig aufgelöst hat.
3. Die Milch-Hefe-Mischung, das Eiweiß und die Margarine in die Mulde des Mehls geben, alles mit dem Handrührgerät verrühren und die Masse (je länger, desto besser) zu einem homogenen, nicht klebenden Teig verkneten.
4. Den Teig 30–60 Minuten mit einem Tuch abgedeckt an einem warmen Ort gehen lassen.
5. Nach der Ruhezeit den Teig nochmals durchkneten, dann in 4 gleich große Stücke zerteilen und diese zu Kugeln formen.
6. Die Kugeln in einen Dämpfeinsatz setzen und in einem Topf mit kochendem Wasser zugedeckt im Wasserdampf 12 Minuten garen. Dabei den Deckel nicht abnehmen!
7. Die fertigen Dampfnudeln mit Vanillesoße und Zimt servieren.

Zimteis

NÄHRWERTE PRO PORTION:

67 kcal, 4 g Eiweiß, 1,5 g Kohlenhydrate, 0 g Fett

ZUTATEN FÜR 2 PORTIONEN

- 2 Eiweiß (Größe M) oder 70 ml Eiweiß
- 20 g Puder-Erythrit
- 5 g Inulin (optional)
- 50 g Fibersirup (siehe Seite 92)
- Zimtpulver nach Belieben

1. Das Eiweiß in einer Schüssel mit dem Handrührgerät steif schlagen und dabei erst das Puder-Erythrit, dann das Inulin und zum Schluss den Fibersirup nach und nach hinzugeben.
2. Sobald eine cremige Konsistenz entstanden ist, vorsichtig Zimt nach Belieben unterheben und die Masse in ein verschließbares Gefäß füllen.
3. Das Zimteis muss mindestens 5 Stunden in der Tiefkühltruhe gefrieren.

Gefüllter Bratapfel

NÄHRWERTE PRO PORTION:

240 kcal, 8,4 g Eiweiß, 33 g Kohlenhydrate, 9 g Fett

ZUTATEN FÜR 4 PORTIONEN

- 4 große Äpfel
- 80 g zuckerfreies Marzipan (siehe Seite 25)
- 20 g gestiftelte Mandeln
- 50 g Rosinen

1. Den Backofen auf 200 °C Ober-/Unterhitze vorheizen.
2. Die Äpfel waschen und abtrocknen, dann jeweils oben einen Deckel abschneiden und das Kerngehäuse mit einem Entkerner herausschneiden.
3. Für die Füllung Marzipan, gestiftelte Mandeln und Rosinen in einer Schüssel verkneten.
4. Anschließend die Löcher in den Äpfeln mit der Masse füllen, jeweils den Deckel wieder darauflegen und die Äpfel in eine Auflaufform stellen.
5. Die Bratäpfel etwa 25 Minuten im Ofen backen.

TIPP:

Als Beilage passt gut Vanillesoße (siehe Seite 93) oder etwas Vanilleeis.

Apfelringe im Teigmantel

NÄHRWERTE PRO PORTION:

277 kcal, 9 g Eiweiß, 45 g Kohlenhydrate, 5,5 g Fett

ZUTATEN FÜR 2 PORTIONEN

- 1 großer Apfel
- 100 g Weizenvollkornmehl
- 100 ml fettarme Milch
- 1 Eiweiß (Größe L) oder 40 ml Eiweiß
- 20 g fettarme Margarine mit Joghurt
- etwas Zimtpulver nach Belieben
- Erythrit nach Belieben

1. Zuerst den Apfel waschen, mit einem Entkerner das Kerngehäuse ausstechen und den Apfel in 8 Ringe schneiden.
2. Anschließend Mehl, Milch und Eiweiß in eine Schüssel geben und mit dem Handrührgerät zu einem dickflüssigen Teig verrühren.
3. Die Margarine in einer beschichteten Pfanne erhitzen, die Apfelringe in den Teig tunken, sodass sie gut damit überzogen sind, etwas abtropfen lassen und dann in der Pfanne von beiden Seiten schön goldbraun backen.
4. Die gebackenen Apfelringe in einer Mischung aus Zimt und Erythrit wenden und dann servieren.

Weihnachtliche French Toasts mit Zimtäpfeln

NÄHRWERTE PRO PORTION:

297 kcal, 14 g Eiweiß, 50 g Kohlenhydrate, 3,5 g Fett

ZUTATEN FÜR 3 PORTIONEN

- 2 Äpfel
- 2 EL Erythrit
- etwas Zimtpulver
- 300 ml fettarme Milch
- 2 Eiweiß (Größe M) oder 70 ml Eiweiß
- 1 Spritzer Süßstoff
- 6 Vollkorntoasts
- etwas Puder-Erythrit

1. Zuerst die Äpfel waschen, entkernen, in kleine Stücke schneiden und in einem Topf mit ein bisschen Wasser, Erythrit und etwas Zimt kochen, bis sie weich sind.
2. Währenddessen Milch, Eiweiß, Süßstoff und etwas Zimt in einer Schüssel mit dem Schneebesen vermischen und die Toasts portionsweise darin einlegen.
3. Anschließend die Toasts aus der Schüssel heben, kurz abtropfen lassen und in einer beschichteten Pfanne von beiden Seiten goldbraun braten. Vorgang wiederholen, bis alle Toasts gebacken sind.
4. Die French Toasts mit Puder-Erythrit bestäuben und mit den Zimtäpfeln servieren.

Crêpes mit Maronencreme

NÄHRWERTE PRO STÜCK:

154 kcal, 7 g Eiweiß, 27 g Kohlenhydrate, 1 g Fett

ZUTATEN FÜR 4 STÜCK

- 100 g Dinkelmehl
- 200 ml fettarme Milch
- 2 Eiweiß (Größe M) oder 70 ml Eiweiß
- 2 EL Erythrit
- 140 g Maronencreme (siehe Seite 93)

1. Zuerst Mehl, Milch, Eiweiß und Erythrit in eine Schüssel geben und mit dem Handrührgerät zu einem flüssigen Teig verarbeiten. Anschließend den Teig 15 Minuten quellen lassen.
2. Danach jeweils ein Viertel des Teiges in eine heiße beschichtete Pfanne geben und durch Schwenken gut darin verteilen, damit der Crêpe schön dünn wird.
3. Sobald der Teig fest ist, das Schwenken beenden, kurz warten und dann den Crêpe wenden.
4. Crêpe aus der Pfanne auf einen Teller gleiten lassen, mit 35 g Maronencreme bestreichen und zusammenfalten. Mit dem restlichen Teig ebenso verfahren.

ANMERKUNG:

Ein Crêpe ohne Maronencreme hat 116 kcal, 6 g Eiweiß, 19 g Kohlenhydrate, 1 g Fett.

TIPP:

Du kannst diese Crêpes auch gut mit einer Mischung aus Zimt und Erythrit (hat dann kaum zusätzliche Kalorien) oder mit der zuckerfreien Apfel-Zimt-Konfitüre (siehe Seite 29) füllen. Die Maronencreme kann auch als Brotaufstrich verwendet werden.

God Jul

Zuckerfreie Schokolade

NÄHRWERTE PRO 100 G:

375 kcal, 10 g Eiweiß, 45 g Kohlenhydrate, 31 g Fett

ZUTATEN FÜR 240 G

80 g neutrales Kokosöl
50 g Magermilchpulver
20 g stark entöltes Kakaopulver
35 g Puder-Erythrit
20 ml Wasser

1. Zuerst das Kokosöl langsam in einem Topf erhitzen, bis es sich vollständig aufgelöst hat, und dann den Topf vom Herd nehmen.
2. Danach erst das Magermilchpulver und dann das Kakaopulver mit dem Kochlöffel einrühren und alles gut vermischen.
3. Das Erythrit in einer Tasse mit dem Wasser verrühren und zur Mischung geben. So lange rühren, bis eine homogene Creme entstanden ist.
4. Die Masse in eine große Silikonform oder in eine mit Backpapier ausgekleidete Form füllen und im Kühlschrank hart werden lassen.

TIPP:

Für den weihnachtlichen Touch kannst du etwas Zimtpulver, Lebkuchengewürz o. Ä. hinzugeben. Oder aber du bestreust die Masse vor dem Kaltstellen z. B. mit Spekulatiusbröseln (siehe Seite 47) oder zerkleinerten gebrannten Mandeln (siehe Seite 26).

KLEINE ZUSATZREZEPTE

Fibersirup

NÄHRWERTE PRO 100 G:

155 kcal, 0 g Eiweiß, 38 g Kohlenhydrate, 0 g Fett

ZUTATEN FÜR 130 G

100 g Vitafiber-Pulver
30 ml Wasser

1. Zuerst das Vitafiber-Pulver in einem Topf mit dem Wasser vermischen und unter kontinuierlichem Rühren aufkochen lassen.
2. Die Hitze reduzieren und die Mischung für ein paar Sekunden köcheln lassen, dann Topf vom Herd nehmen und Sirup abkühlen lassen.
3. Den Sirup in ein verschließbares Gefäß füllen.

Fake-Sahne

NÄHRWERTE PRO PORTION:

41 kcal, 7,6 g Eiweiß, 2,2 g Kohlenhydrate, 0,1 g Fett

ZUTATEN FÜR 2 PORTIONEN

1 Eiweiß (Größe M) oder 35 ml Eiweiß
100 g Magerquark
flüssiger Süßstoff nach Belieben

1. Zuerst das Eiweiß in einer Schüssel mit dem Handrührgerät steif schlagen.
2. Dann den Magerquark in einer weiteren Schüssel mit etwas Wasser cremig rühren und mit dem flüssigen Süßstoff nach Belieben süßen. Dann vorsichtig unter den Eischnee heben.

Maronencreme

NÄHRWERTE PRO 100 G:

108 kcal, 2 g Eiweiß, 22 g Kohlenhydrate, 0,6 g Fett

ZUTATEN FÜR ETWA 330 G

- 200 g gekochte Maronen (vakuumverpackt)
- 150 ml Wasser
- 75 g Erythrit
- 1 Msp. gemahlene Bourbonvanille

1. Die Maronen im Mixer zu einem groben Pulver mahlen.
2. Dann das Maronenpulver mit dem Wasser, dem Erythrit und der Vanille in einem Topf vermischen und etwa 15 Minuten köcheln lassen.
3. Zum Schluss das Ganze noch mal im Mixer pürieren, bis eine homogene Creme entstanden ist.

Vanillesoße

NÄHRWERTE PRO 100 ML:

60 kcal, 3 g Eiweiß, 4,4 g Kohlenhydrate, 1 g Fett

ZUTATEN FÜR 500 ML

- 500 ml fettarme Milch
- ½ Packung Vanillepuddingpulver
- 2 EL Erythrit

1. Zuerst 5 EL der noch kalten Milch in eine kleine Schüssel geben und beiseitestellen. Die restliche Milch in einem Topf erwärmen und das Puddingpulver in einer Schüssel mit dem Erythrit vermischen.
2. Anschließend die aufgehobene kalte Milch zu dem Puddingpulver geben und rühren, bis keine Klümpchen mehr vorhanden sind. Die Mischung zu der warmen Milch geben und unterrühren.

ÜBER DIE AUTORIN

Kochen und Backen war schon immer eine große Leidenschaft für Lina Weidenbach. Auch als die Medizinstudentin vor ein paar Jahren den Entschluss fasste, einige Kilo abzunehmen, wollte sie nicht auf leckeres Essen verzichten. Deswegen begann sie, kalorienreduzierte Rezepte zu entwickeln und erfolgreich auf ihrem Instagram-Account @fit_nurse_lina zu veröffentlichen.

128 Seiten
14,99 € (D) | 15,50 € (A)
ISBN 978-3-7423-1004-0

Lina Weidenbach

Schlank mit Kuchen und Brot

50 leckere Rezepte zum genussvollen Abnehmen

Genussvoll abnehmen – geht das denn? Aber sicher, und zwar ganz einfach! Wer abnehmen oder sich gesünder ernähren möchte, muss nicht auf das geliebte Brötchen am Morgen und den Sonntagskuchen verzichten. Dieses Buch zeigt Ihnen 50 Rezepte für kalorienarme Varianten von klassischen Leckereien wie Brownies, Zimtschnecken, Pizza und Baguette. So lassen sich ganz nebenbei jede Menge Kalorien einsparen. Auf diese Weise dürfen Sie auch in der Diät schlemmen und das Durchhalten fällt leichter. Die Rezepte sind einfach, gelingen auch Back-Einsteigern und erfordern lediglich simple Zutaten, die es in jedem Supermarkt gibt.

riva

Auch als **E-Book** erhältlich

144 Seiten
14,99 € (D) | 15,50 € (A)
ISBN 978-3-7423-1246-4

Lina Weidenbach

Abnehmen mit Pizza, Nudeln und Burgern

Schlemmen und schlank werden mit 60 Rezepten

Burger, Nudeln, Currywurst und Schnitzel mit Pommes machen dick, sind ungesund und dürfen bei einer Diät nicht gegessen werden? Stimmt nicht! Wer abnehmen möchte, muss auf diese und viele weitere Klassiker nicht verzichten. Food-Bloggerin Lina Weidenbach zeigt in diesem wunderschön bebilderten Kochbuch 60 Rezepte für kalorienarme Varianten von Klassikern, die jeder gerne isst. Die Gerichte schmecken so lecker, dass man das Original nicht vermisst. So lassen sich ganz nebenbei jede Menge Kalorien einsparen, man kann trotz Diät schlemmen und nimmt dabei ab. Die Rezepte sind einfach und gelingen mit Zutaten, die es in jedem Supermarkt gibt.

riva